COURTES OBSERVATIONS

SUR LA

CRISE MINISTÉRIELLE

ET

LA FORMATION

D'UN

NOUVEAU CABINET.

—•◦•—

PARIS,

TYPOGRAPHIE DE FIRMIN DIDOT FRÈRES,

RUE JACOB, N° 56.

—

1839.

À MONSIEUR LE CONSEILLER D'ÉTAT,

DIRECTEUR GÉNÉRAL DE

L'ADMINISTRATION DES POSTES.

Monsieur ,

Le but et le fond de cette petite brochure tendent à démontrer combien il serait désirable de voir prédominer les intérêts généraux et industriels du pays sur des débats purement politiques ; comment le retour périodique de ces débats, vides et stériles, porte le trouble et la ruine dans des intérêts aussi importants.

Par les améliorations successives et si bien appréciées du public que vous avez introduites dans le régime des postes, vous avez trop utilement servi les intérêts que je défends, pour que l'idée ne me soit pas venue de vous faire hommage de cet opuscule. C'était aussi une occasion toute naturelle de vous témoigner, comme ancien agent des postes , les sentiments de haute considération et d'attachement avec lesquels j'ai l'honneur d'être,

Monsieur ,

Votre très-humble et très-obéissant serviteur.

Guézou Duval.

COURTES OBSERVATIONS.

Les dissidences profondes qui ont éclaté entre les anciens défenseurs du trône de Juillet, donnent un caractère de gravité menaçant à la situation politique. Nous avons vu se diviser, sur les questions les plus fondamentales de la monarchie constitutionnelle, des hommes éminents qui, de tout temps, en ont été proclamés les soutiens. L'opinion publique, indécise au milieu des théories et des contradictions quotidiennes des journaux, est restée flottante et s'est fractionnée à l'infini. La chambre, dernière expression des colléges électoraux, n'est pas moins divisée, et laisse difficilement entrevoir une majorité certaine sur laquelle puisse s'appuyer le gouvernement.

Mettant à profit les incertitudes et les difficultés de cette situation, les factions, et l'on ne peut guère mettre leur existence en doute aujourd'hui, ont soufflé partout la discorde; les idées les plus claires ont été obscurcies, les expédients les plus pernicieux présentés comme remède. La destruction étant leur but, elles en ont semé les germes dans tous les esprits ;

1.

mais elles ont eu grand soin de couvrir leur zèle intéressé et leur activité désorganisatrice du masque de l'intérêt national, et leurs détestables recettes de l'étiquette menteuse et des grands mots de *salut public*.

Aux temps des républiques anciennes, à Lacédémone, lorsque la révolte et la sédition sévissaient dans la cité, il n'était point permis aux citoyens de se retirer tranquillement chez eux, et d'attendre que l'orage fût passé. Il était prescrit à tous de descendre sur la place publique, et de prendre un parti dans les démêlés qui divisaient l'État. Ainsi les magistrats s'assuraient le concours des gens honnêtes, et les minorités factieuses ne pouvaient pas s'emparer du gouvernement par surprise.

C'est le sentiment de ce devoir imposé à tous les bons citoyens, et malheureusement mis en oubli pendant les jours néfastes de la *terreur*, qui doit engager les gens honnêtes à s'occuper, malgré leur répugnance, des affaires publiques, à les examiner, à les soumettre à une appréciation impartiale, pour chercher de bonne foi la vérité, s'y ranger et ramener sous sa bannière tous les hommes animés comme eux de bonnes intentions, mais égarés par le mensonge ou le sophisme. Sans préventions, sans haines, sans parti pris d'avance, étranger aux coteries et aux partis, désintéressé dans leurs luttes, mais dévoué de cœur et d'âme au bonheur de mon pays, à la révolution de juillet, à laquelle j'ai pris une part active, aux institutions libérales et monarchiques qu'elle a fondées, j'entre dans cette voie. Si une fausse lueur pouvait me tromper dans mes recherches et mes appréciations, j'ai du moins la certitude que la modération de mes opinions et un pur patriotisme me préserveraient de toute erreur grave.

Le but de cette petite brochure est d'examiner les actes principaux de l'ancienne administration, leur influence sur la situation présente, les griefs qu'ils ont soulevés, et enfin de juger, d'après les mêmes règles de justice et d'impartialité, le programme à formuler par l'administration à venir. Dans ce cadre, se trouvent nécessairement renfermées les questions importantes et si souvent controversées du *Gouvernement personnel* et du *Gouvernement parlementaire.*

Du ministère du 15 avril.

De nombreux reproches lui ont été adressés, et, il faut le dire, ce cabinet a fait des fautes : cependant, reportons-nous à la situation politique lors de son avénement, et nous reconnaîtrons aussi qu'il a fait beaucoup de bien.

Au moment où le ministère du 6 septembre se retira, les passions politiques étaient dans toute leur incandescence : les prisons regorgeaient de détenus, leur jugement devenait une occasion de scandale, les jours du roi étaient journellement menacés, la licence dominait la presse, il n'était plus permis au roi de passer la revue de la garde nationale.

Le ministère du 15 avril annonça hautement l'intention de publier une amnistie : non point comme une concession faite aux partis, comme une nécessité qu'il lui fallait subir, mais comme un acte devenu opportun après les preuves de force et d'énergie données par le gouvernement; comme un témoignage de confiance après les moyens de répression qui lui avaient été remis par la législature.

Une pareille détermination souleva contre lui d'anciennes préventions et les vieilles idées de résistance : on cria à l'imprudence, on lui prodigua une foule de sinistres prophéties. Il n'en tint compte; il prit cette grande mesure sous sa responsabilité, l'exécuta avec résolution, et obtint un plein succès. Les partis désarmèrent, les passions furent calmées comme par enchantement, le roi devint libre, et la confiance et la

sécurité semblèrent renaître après de si déplo-
rables perturbations.

La chambre était fractionnée en une quantité
de partis au milieu desquels il était difficile d'as-
seoir, d'une manière stable, l'action gouverne-
mentale. Le ministère annonça l'intention de dis-
soudre la chambre. Cette résolution fut accueillie,
comme là précédente, par le blâme et des pré-
dictions sinistres. C'était, disait-on, une détermination au-dessus des forces du *petit ministère*,
car c'est ainsi qu'on le nommait. Néanmoins, il
n'hésita pas davantage : et, soit habileté, soit
hasard, soit bonne fortune, comme on l'en a
accusé, il réussit encore complétement.

Nos armes avaient essuyé en Afrique un échec
dont la réparation était due à leur gloire. C'était
une charge léguée par le ministère précédent à
son successeur. Il ne balança pas, il prit ses dispositions pour venger la dignité nationale, et
Constantine tomba en notre pouvoir.

On a prétendu que tout l'honneur de ce fait
d'armes revenait à l'armée, et qu'on ne pouvait
en attribuer le moindre mérite au ministère.
Soyons justes avant tout. Si l'entreprise eût
échoué, il est évident qu'une partie du blâme
l'eût atteint; sa responsabilité était engagée, on
l'eût accusé d'avoir mal pris ses mesures, de
n'avoir pas fait toutes les dispositions convena-
bles. Puisque le blâme se fût attaché à son en-

tremise en cas de défaite, une part de l'éloge doit aussi lui revenir après le succès.

Dans la session qui suivit, le ministère présenta plusieurs lois importantes : nous citerons celle des attributions des conseils généraux de départements, celle des faillites qui a modifié une grande partie du code de commerce, celle de la nouvelle organisation des tribunaux, celle des aliénés, celle du desséchement des mines, celle enfin si regrettable de la construction des chemins de fer.

C'est depuis l'existence du ministère du 15 avril que les possessions françaises dans le nord de l'Afrique ont pris une position plus stable, plus régulière. Un système complet de colonisation a été adopté et couronné de succès. Depuis plus d'un an, la paix règne dans l'ancienne régence longtemps agitée par la guerre. Des travaux immenses pour faciliter et multiplier les communications, pour assainir plusieurs points, pour en fortifier d'autres, ont pu être entrepris; des améliorations ont été introduites dans le régime militaire et l'administration civile.

Voilà le résumé succinct des services rendus au pays par l'administration qui vient d'abandonner le pouvoir.

Mais on lui a reproché, avec raison, de s'être montrée timide avec l'étranger, de n'avoir pas toujours su faire prévaloir au dehors la dignité de la France et la prépondérance de ses alliances ; de n'avoir pas gardé fidèlement celles qu'elle avait contractées.

L'affaire suisse vint démontrer avec combien peu d'habileté étaient conduites les négociations du cabinet à l'extérieur. On froissa, en cette occasion, les affections toutes françaises des cantons, on compromit une amitié ancienne, on se plaça dans la nécessité d'armer et d'entrer en campagne ; enfin, après une importance déplorable accordée à une affaire qui semblait n'en comporter aucune, et qui, entreprise avec plus d'habileté ou *moins de confusion*, aurait amené un facile dénoûment, on fut tout heureux que le prince Louis, devenu un personnage et presque érigé en prétendant par les armements faits à cette occasion ; consentît à quitter la Suisse et à donner la paix à la France.

Ce ne fut pas tout que ce rassemblement de troupes appelées de divers points sur la frontière suisse pour obtenir un ridicule résultat. Le bruit se répandit que la France avait encore sollicité l'Autriche de la seconder dans sa croisade contre la Suisse, et qu'elle n'avait obtenu son appui qu'à la condition d'évacuer Ancône.

Longtemps les amis du ministère refusèrent d'ajouter foi à ces rumeurs. Néanmoins, les événements se succédèrent avec une telle rapidité, qu'ils en semblèrent devenir la confirmation.

Le ministère répondit qu'en sortant d'Ancône il ne faisait que se conformer à la lettre des traités. Très-bien : c'était couvrir d'un aspect de loyauté ce qu'une retraite si prompte, si imprévue, avait de surprenant; c'était, sans contredit, le meilleur moyen de dissimuler le sacrifice auquel on acquiesçait. Mais la France a-t-elle seule le devoir d'exécuter les traités envers l'étranger, quand il s'arroge la faculté de les négliger à son égard? Or, avant même l'occupation commandée par Casimir Perrier, la France avait établi la nécessité d'institutions libérales en faveur des Marches et de la Romagne, et le gouvernement papal avait pris l'engagement de les accorder; la correspondance diplomatique en fait foi. Cependant nous avons abandonné Ancône avant que ces obligations réciproques aient été remplies.

Mais, a dit M. le comte Molé, une plus longue insistance avait son inconvénient : le saint-père se serait plaint aux puissances étrangères de notre persistance comme d'une violence faite à son indépendance; il eût quitté son siége, et se serait retiré auprès d'elles. — Il est plus que douteux qu'une demande juste et déjà produite plusieurs fois eût entraîné de semblables conséquences. D'ailleurs, quand elles auraient dû se présenter, la même réponse que nous avions à opposer au pape, nous pouvions la faire aux puissances étrangères. L'occasion était même précieuse à saisir. A la Russie, nous aurions demandé ce qu'est devenue la nationalité polonaise garantie par les traités de 1815; à la Prusse, comment elle entend concilier le titre de *villes libres* acquis à plusieurs cités de l'Allemagne, avec l'occupation de ces mêmes villes par ses garnisons.

Une question de la plus haute importance pour la France, parce qu'elle impliquait simultanément pour elle un intérêt d'avenir et un intérêt d'alliance de famille, c'est celle dont s'est si long-temps occupée la conférence de Londres, l'affaire hollando-belge.

En 1831, au sortir même d'une révolution fondamentale consacrée par un changement de dynastie, nous avions obtenu de l'Europe la division du royaume des Pays-Bas, fait reconnaître la nationalité belge et son principe, constitué enfin l'indépendance de cette contrée toute française, et pour laquelle il nous fut même demandé un roi. Par quel concours de fâcheuses circonstances la France est-elle aujourd'hui tombée si bas, qu'on l'a menacée, après huit ans, de la guerre, parce qu'elle croit qu'une portion contestée du Limbourg et du Luxembourg fait partie du territoire belge, et qu'elle en a demandé la déclaration ; parce qu'elle croit que ces retranchements de territoire exposent l'indépendance de la Belgique, en la privant de ses moyens de défense naturelle? Quoi! le lendemain de notre révolution nous obtenions de l'Europe inquiète et alarmée la création d'un royaume, et après huit ans de paix et de modération, nous ne pouvons obtenir par les voies diplomatiques une juste satisfaction pour notre alliée! Qu'est donc devenu l'ascendant de la révolution de juillet dans ces derniers temps ?

De pareils résultats constataient des fautes. Le cabinet du 15 avril fut violemment attaqué dans la discussion de l'adresse. Il se défendit avec courage, sinon avec bonheur. La majorité lui ayant fait défaut, particulièrement sur une question de politique étrangère, il crut devoir en appeler aux colléges électoraux. — Nous ne pensons point qu'on ait eu raison de le blâmer pour cette résolution ; la dissolution était un acte constitutionnel et tout à fait dans la situation ; mais sa condamnation en est sortie.

Nous ne pensons pas non plus, comme l'ont proclamé quelques orateurs, que le ministère du 15 avril ait été funeste au pays. Évitant toute espèce d'exagération, penchant trop ordinaire dans ces temps de lutte et de passion, nous dirons même qu'il pacifia les esprits, favorisa les intérêts matériels, et administra avec sagesse et fermeté. Mais il nous semble avoir été parfaitement caractérisé par le reproche d'*insuffisance* qui lui a été adressé. En effet, il a été inhabile à traiter plusieurs questions importantes avec l'étranger, et s'est montré nul à la tribune, soit pour couvrir et faire passer ses actes de faiblesse, soit pour faire valoir les bonnes fortunes politiques dont il pouvait tirer gloire.

Sous notre forme de gouvernement, le talent oratoire sera toujours une des conditions essentielles à l'exercice du pouvoir. Nul doute que le cabinet du 15 avril n'eût point été exposé à d'aussi fréquentes attaques et qu'il eût mieux couvert la royauté, si on l'eût su capable de défendre, avec plus d'ascendant à la tribune, ses droits et sa politique.

Du gouvernement parlementaire.

. La bannière arborée par la coalition portait pour devise : *Sincérité du gouvernement parlementaire.*

Entre tous les griefs plus ou moins fondés qu'on a dirigés contre le cabinet Molé, nous convenons que nous avons peine à comprendre celui-là.

Le *gouvernement parlementaire*, c'est le con-

cours des trois pouvoirs obtenu par des ministres responsables. Tout ministère qui obtient ce
triple concours gouverne suivant les formes par-
lementaires.

La fameuse maxime *le roi règne et ne gouverne
pas,* nous semble donc un non-sens.

Le roi règne et *doit gouverner* ni plus ni moins
que les chambres, mais d'accord avec elles et
sous la responsabilité de ses ministres. Voilà le
gouvernement véritablement parlementaire sous
une monarchie constitutionnelle et représenta-
tive. Tel est le sens de notre constitution, et
toute autre interprétation qui chercherait à donner la prééminence à l'un des trois pouvoirs
aux dépens des deux autres serait une infraction
à la charte.

Il est évident que la prééminence, soit du principe monarchique, soit du principe démocra-
tique, soit du principe aristocratique (et par
ce dernier nous entendons l'esprit de ce corps
illustre par ses lumières, ses talents, sa fortune,
son influence, qui a rendu de grands services à
l'État, et continue de le servir de son expérience);
il est évident, disons-nous, que la prééminence
de l'un de ces principes absorberait bientôt les
deux autres, et bouleverserait l'équilibre si sage
de notre constitution.

Hélas! toute œuvre humaine peut donner prise

à la critique. Les partis le savent, et ils cherchent avec un soin minutieux la moindre imper-
fection pour la grossir, et en faire un germe de
dissolution. Mais il n'en est pas moins vrai que
notre constitution est une œuvre admirable de
progrès et de liberté, de sagesse et de prudence.
La vieille Europe n'offre rien d'une raison aussi
avancée, et les partis ne peuvent lui adresser
d'autre reproche que d'avoir posé des obstacles
à leurs efforts pour la fausser.

La seule division du pouvoir suffit pour ga-
rantir la liberté, puisque aucune de ses parties
ne peut agir, ne peut rien entreprendre sans le
concours des autres fractions.

Quand elle est respectée, quand la couronne
jouit complétement de sa prérogative et de ses
attributions, l'ordre peut être facilement main-
tenu, même au milieu du mouvement qu'entraîne toujours l'exercice de la liberté.

Si, avec notre constitution, le mal est difficile,
si sa durée est éphémère, il faut qu'elle trouve,
pour produire le bien, un esprit de concilia-
tion et de concours répandu dans tous les
éléments de son action. Négative pour le mal,
elle ne fait le bien que par l'accord et la volonté
de tous.

C'est malheureusement à détruire cet accord
et cette volonté que s'attachent trop souvent les

partis en France. On y est parvenu à mettre le gouvernement dans un état de suspicion continuel. Soit habitudes anciennes, soit souvenirs du passé, les défiances propagées dans ce sens y sont accueillies : pour les accréditer, les passions ne prennent même pas la peine de mettre beaucoup d'habileté.

Nous sommes d'anciens esclaves, qui croyons au joug pour l'avoir porté, et qui nous en effrayons jusqu'au moment où l'affaiblissement de l'autorité fait que le désordre éclate.

A ceux qui entendent par *gouvernement parlementaire* l'exclusion totale du roi, nous dirons : Ce n'est pas seulement une interprétation de la charte que vous donnez, c'est sa violation que vous demandez, c'est une révolution complète dans notre droit public.

A une disposition sage, et qui établit l'équilibre et la pondération entre les trois pouvoirs, vous substituez une suprématie injuste, qui change l'esprit de nos institutions, et nous mène à un autre ordre de choses.

Dans ce nouvel ordre d'idées, le roi ne serait plus qu'une superfétation, un rouage inutile, moins qu'un président de république.

Rentrons dans la vérité pour éviter des révolutions nouvelles; restons dans la sincérité du mécanisme représentatif. Le roi est pour un tiers dans le gouvernement; il a droit d'exercer sa part constitutionnelle, aussi bien que la chambre des pairs, aussi bien que la chambre des députés. Les projets de loi étant présentés en son nom, et par ses ministres, il peut les discuter avec eux, opposer son véto; c'est son droit, aux termes mêmes de la charte.

Quoi! un électeur, un député, un simple écrivain auraient la faculté, en France, de donner leur avis et d'exercer une influence sur les affaires de l'État; et cette faculté serait contestée au roi, quand sa couronne, sa dynastie, sa fortune, sont engagées dans leur solution! N'est-ce pas là un non-sens?

La présence du roi dans le conseil a encore un autre avantage, c'est d'y apaiser les rivalités (cause trop commune de rupture), de ramener l'harmonie, de contenir les préventions injustes, de réprimer les prétentions individuelles.

Elle ne nuit en rien à l'indépendance des ministres, puisqu'ils peuvent toujours déposer leurs portefeuilles, ou faire modifier par les chambres des dispositions qui ne sont en définitive que des projets.

Elle atténue, à travers la mobilité ministérielle, les brusques changements dans les systèmes politiques, et permet de donner de la suite et de la continuité aux plans qui demandent à être longuement mûris; parce que le roi, confident et dépositaire du secret de ces plans, peut les soumettre au conseil et en expliquer l'origine et les causes.

Tant d'idées fausses ont été répandues, dans ces derniers temps, sur ce qu'on appelle sans raison et dans une intention malveillante, le *gouvernement personnel*, que j'ai cru devoir exposer des idées plus justes, et en faire un chapitre particulier.

D'une nouvelle administration.

Au lieu d'augmenter en nombre par la dissolution, les 221 ont perdu une vingtaine de membres. La coalition l'a donc emporté, le ministère cède la place aux 213; rien de plus constitutionnel.

Des diverses fractions qui composent cette réunion, il en est deux qui ne prétendent probablement à aucune part dans la nouvelle combinaison. Je veux parler de la droite, conduite par M. Berryer, et de la gauche marchant avec M. Garnier-Pagès; toutes deux s'étant placées, par leur opposition excentrique, en dehors de toute nomination.

Restent donc la gauche, le centre gauche et le centre droit; autrement dit, pour éviter l'abs-

traction et personnifier les opinions, M. Barrot,
M. Thiers et M. Guizot.

C'est de ces trois côtés que soufflent les doc-
trines gouvernementales, c'est dans ces trois
fractions que s'est fixée l'opinion publique.

Tout ministère qui ne réunirait pas M. Thiers,
comme symbole du progrès, et M. Guizot comme
symbole des 200 conservateurs de retour à la
chambre, ne serait pas l'expression véritable de
la situation actuelle.

Cette dernière combinaison offre durée et force,
parce qu'elle est indiquée par le pays, par la
constitution des chambres, par la haute influence
parlementaire de ces deux hommes d'État. Là,
se trouve la plus grande somme d'idées pratiques
et applicables; là, se trouvent les hommes de
valeur et expérimentés.

Quant à l'accession de M. Barrot, elle n'ap-
porterait qu'un germe de dissolution. Les anti-
pathies sont trop grandes entre les centres et
l'honorable M. Barrot, pour espérer de les voir
marcher d'accord.

Signataire de l'ancien compte rendu, placé sur
une pente qui entraîne à l'extrême gauche, sa
présence rejetterait le centre droit dans l'opposition, et l'on ne peut se dissimuler que l'entrée
à la chambre des 200 conservateurs réélus est
un fait important dont on ne peut se dispenser
de tenir compte.　　　　　　　　　　2.

Il y aurait une signification très-claire, au moins, dans la composition du ministère tel que nous le désirons, et comme progrès et comme idée d'ordre et de conservation.

De la direction gouvernementale.

Lors de la formation de la coalition, un programme parut dans les journaux. Conçu en termes généraux et assez vagues, il pouvait convenir, quoique n'ayant rien d'avoué, à une coalition entre des partis d'origine différente, et dont le rapprochement, soit concerté, soit fortuit, était indispensable pour atteindre le but qu'on se proposait.

Ce programme annonçait :

1º La réforme de la loi électorale,

2º La révision des lois de septembre,

3º La conversion des rentes.

Ce programme sera-t-il adopté par l'administration nouvelle? C'est au moins douteux. La réforme électorale, établie sur une vaste échelle, est une de ces utopies poursuivies par la *gauche* et la *droite* dans un but que nous n'avons pas besoin d'indiquer. Qu'il nous suffise de dire que la stabilité de nos institutions et du trône de juillet n'y est pour rien, et qu'un pareil essai aurait pour résultat de faire prédominer la force matérielle du nombre sur la force intelligente qu'elle absorberait.

La loi électorale actuelle est désormais expérimentée. Elle a complétement prouvé, par le résultat des élections dernières, qu'elle suffisait à tous les besoins de l'ordre et de la liberté. Les efforts tentés par le parti légitimiste pour la renverser, ainsi que par le parti-républicain, ont contribué à l'enraciner profondément dans l'opinion constitutionnelle, même dans celle qui était disposée à demander l'adjonction des capacités. On craint avec raison qu'une tentative d'amélioration ne devienne, pour les factions, une occasion longtemps cherchée de rénovation complète et de destruction.

Passons aux lois de septembre. Une partie de la gauche dynastique a voté autrefois contre l'adoption de ces lois. L'administration nouvelle aura peut-être à repousser quelques exigences de ce côté. Mais les lois de septembre ont remédié à un mal trop bien apprécié, le bien qu'elles ont produit est trop évident pour qu'on cède à un désir inconsidéré. Le cabinet rencontrerait d'ailleurs, dans le *centre droit*, une opposition à leur modification qu'il ne pourrait surmonter.

Les lois de septembre sont devenues un complément des lois répressives sur la presse. Les autres dispositions qu'elles résument ne sont pas moins importantes. L'ordre et la tranquillité qu'elles ont assurés, sont des bienfaits à conser-ver, dans l'intérêt bien entendu de la liberté elle-même.

La conversion des rentes est une autre question qui a été longtemps controversée. Le principe de remboursement a été reconnu par la dernière administration, et il est probable que l'administration nouvelle ne fera pas moins. Mais est-ce bien au moment où une crise commerciale et industrielle éclate, et fera longtemps encore sentir ses funestes effets, qu'il convient de remuer la fortune entière de la France, de lancer le trésor dans une opération qui embrassera un long cercle d'années, et que peuvent faire échouer, au grand détriment de nos finances, et même de notre tranquillité intérieure, le moindre événement politique, la moindre éventualité de guerre déjà prévue?

Il faut avoir devant soi une longue phase de paix et de prospérité nationale, pour jeter l'État dans une entreprise aussi colossale, aussi aventureuse, dont l'issue paraît encore un peu entourée de nuages aux plus habiles. Or, à l'intérieur, nos institutions sont-elles si parfaitement comprises et acceptées, que leur interprétation ne donne lieu, chaque année, de la part des partis, à de longs dissentiments? A l'extérieur, la situa-

tion est-elle tellement claire et assurée, qu'aucune
manifestation, aucune guerre ne soit à craindre
ou à prévoir ? La France aura, dans la politique
européenne, lors du premier coup de canon qui
sera tiré, un rôle trop important à jouer, pour
se lier d'avance les mains, s'interdire toute liberté de mouvements, paralyser ses forces les
plus essentielles.

D'autres considérations viennent à l'appui
d'un ajournement indispensable : c'est la nécessité d'entreprendre enfin les grands travaux d'u-
tilité publique réclamés depuis longtemps, et
remis d'année en année sous divers prétextes.

Depuis 1830, le mouvement social en France
est devenu tout à fait industriel et commercial.
La prospérité qui en est résultée a été immense et
a entraîné de plus en plus les esprits dans cette
direction. Mais tout est encore à créer en faveur
de ce progrès. L'Angleterre, la Belgique, l'Allemagne, la Hollande, sont sillonnées de toutes
parts par des chemins de fer et des canaux,
véritables artères qui mettent en circulation
la richesse publique, et vont en porter les avantages dans les recoins les plus éloignés du
centre. Et la France qui se dit à la tête de la ci-
vilisation, dont les habitants sont actifs et indus-
trieux, dont la situation géographique est si pro-
pice pour servir d'intermédiaire à toutes les na-

tions commerçantes, ne possède encore aucune de ces voies merveilleuses qui assurent l'avantage et la suprématie aux peuples qui les ont adoptées !

La plupart de nos ports sont insuffisants, et demandent à être agrandis; d'autres sont encombrés de vase, infects, malsains, et veulent être déblayés; des docks sont à construire partout; des bassins sont nécessaires pour les constructions maritimes et pour les réparations de nos vaisseaux.

Nos intérêts maritimes sont en souffrance et ont soulevé des questions importantes d'économie coloniale qui peuvent nécessiter de nouveaux sacrifices pécuniaires : aucun ajournement ne peut être admis dans la solution des difficultés entre le sucre de canne et le sucre de betteraves. Notre navigation à la vapeur sur l'Océan est arriérée de tous les progrès qu'elle a faits chez nos voisins.

Notre système de canaux est incomplet; aucune étude n'existe pour la canalisation de la plupart de nos rivières navigables.

Nous avons perdu en tiraillements intérieurs, en discussions stériles et vides, un temps que nos rivaux ont plus utilement employé. Il conviendrait enfin de sortir de ces luttes misérables, pour entrer dans une voie de prospérité réelle, et nous assurer la jouissance des avantages que tant de circonstances heureuses nous présentent.

A l'œuvre donc des chemins de fer et de l'achèvement des canaux ; que du centre aux extrémités, partout, ces rapides lignes de métal, ces liquides chemins empruntés à la mer, s'étendent et rayonnent ; qu'ils favorisent la circulation, et enveloppent le territoire comme d'un réseau. A l'œuvre de tant d'autres travaux qui, en accroissant et vivifiant les sources de la prospérité publique, assureront aux classes ouvrières des travaux, et à l'État une longue sécurité.

Trois milliards sont indispensables pour l'arrangement industriel du sol de la France. Toutes les forces financières du pays sont nécessaires pour ce résultat. Il faudrait être fou pour rien entreprendre au delà ; fou pour mettre en balance une mesquine économie attendue de la conversion si elle réussissait, avec l'avenir industriel, commercial et social de la France.

On s'occupera donc du plus pressé. La conversion, qui, à elle seule, exigerait un capital aussi considérable que les chemins de fer et les canaux, sera ajournée, et la nation continuera avec constance à suivre la voie de prospérité et de travaux où elle est entrée.

C'est donc particulièrement sur les améliorations positives que nous voudrions voir porter le progrès gouvernemental qu'on réclame de toutes parts : et qu'à ce propos il nous soit permis de présenter quelques observations.

Depuis bientôt cinquante ans, la France poursuit le bonheur et la prospérité à travers les révolutions politiques. Sans doute elle a trouvé, dans la rénovation de ses institutions, de grandes améliorations sociales; ce qu'elle a gagné est immense : mais son erreur, à notre avis, c'est de croire qu'elle a encore tout à acquérir par les mêmes voies.

Ce qu'on pouvait demander à la politique, la politique l'a produit. N'exigeons point d'un principe plus qu'il ne peut donner : au delà il n'y aurait que trouble et confusion. La liberté, l'égalité nous sont désormais assurées dans toute l'extension que comportent nos mœurs, nos besoins de luxe et de travail, notre position géographique au milieu de l'Europe.

Demandons à d'autres sources le bien-être et la sécurité que le pays réclame si ardemment : que les partis daignent enfin écouter le vœu et les tendances de notre époque. Après tant d'agitations, elle aspire au repos, et veut concilier l'ordre avec la liberté, et arriver à l'égalité par la richesse et le travail.

C'est en effet dans ces voies nouvelles d'améliorations que la France atteindra le but qu'elle cherche encore.

Malheureusement, les partis ont souvent intérêt à détourner ses tendances, à faire avorter ses efforts. Ils exploitent alors la mobilité populaire, ce vague désir d'améliorations, cet empressement d'arriver avant le temps, qui travaillent toujours les classes inférieures.

A la vérité, beaucoup de choses sont encore à faire pour les masses. La restauration a favorisé l'ancienne aristocratie, elle l'a enrichie et par ses profusions et par l'indemnité; la révolution de juillet a ouvert également la route des honneurs et des emplois aux classes moyennes; aujourd'hui la bourgeoisie est en possession du pouvoir: mais qu'a-t-on fait de bien profitable pour le peuple, qui a pris une part si grande à la révolution de juillet, qui l'aime comme son œuvre, et qui devrait aussi en retirer quelque avantage?

Les tribuns démocrates qui se sont faits les organes de ses droits, demandent en sa faveur la réforme électorale, le vote de la garde nationale, la révision des lois de septembre, une plus grande latitude pour la presse.

Et quel profit fera le peuple, qui ne sait souvent ni lire ni écrire, d'une plus grande liberté de la presse? Quel bien lui reviendra du vote politique dans les colléges électoraux, quand il manque de travail et de pain, quand il est exploité par les capitalistes et les manufacturiers, réduit à la misère par l'introduction des machines dans les ateliers?

Grands philanthropes, qu'on peut, sans être accusé de calomnie, soupçonner de se faire du peuple un piédestal et peut-être même un instrument, qui lui demandez, comme le renard de la fable, de prêter ses cornes pour vous sortir de votre obscurité et vous grandir, dites, des réformes sociales bien entendues, quelques combinaisons administratives bien étudiées et bien appliquées, ne seraient-elles pas plus efficaces pour diminuer sa misère?

Introduisez l'enseignement professionnel dans l'instruction primaire; rien de mieux : pour former de bons citoyens, de bons ouvriers, donnez à l'enfance, dès la salle d'asile, une éducation morale; à merveille : augmentez par le goût du travail, par l'intelligence et la moralité, la classe des hommes utiles et vertueux; donnez-leur le moyen d'arriver jusqu'à la propriété, en encourageant les caisses d'épargne; rattachez les intérêts individuels aux intérêts généraux : nous applaudirons; car voilà le véritable progrès, voilà les véritables améliorations qui rendront le sort du peuple moins précaire et plus heureux.

Sans doute tous ne deviendront pas riches ; mais quand vous n'auriez que restreint en France la plaie hideuse du paupérisme, diminué le nombre des voleurs et des débauchés, rétréci les prisons et les bagnes, allégé les rôles des cours d'assises, empêché qu'on puisse jamais dire qu'un homme est mort de faim, secouru la misère, affaibli les chances de désordre : ne serait-ce pas là un progrès immense?

La réforme des prisons, l'amendement des prisonniers, le patronage à accorder aux libérés, toutes ces améliorations seraient plus efficaces que le débat de théories politiques qui n'ont produit jusqu'ici que désordre matériel et confusion morale, où l'intérêt et l'ambition ont beaucoup plus de part que le bien public.

Depuis bien des années nous parcourons ce cercle vicieux de la politique; sans résultat, parce qu'il ne peut y en avoir aucun; nous poursuivons une illusion. Après force déceptions, force fatigues, la tranquillité renaît un instant, et la richesse publique avec elle : mais bientôt le repos nous pèse; des velléités tant de fois trompées se réveillent; nous rentrons dans la carrière des rêveries libérales; et tous les maux recommencent, et la prospérité disparaît!

N'y aurait-il pas sagesse à donner un but profitable à notre activité , à ne plus demander à la politique un bien qu'elle ne peut produire, à nous attacher enfin aux améliorations positives que les conséquences naturelles de nos institutions doivent amener, quand il ne sera plus permis aux partis de les fausser, et que la nation connaîtra assez ses véritables besoins pour ne pas prendre l'ombre pour la réalité.

De la politique extérieure.

C'est surtout dans nos relations avec les puissances étrangères que devront se faire remarquer les différences les plus sensibles entre l'administration prochaine et l'administration passée : car il ne faut point oublier que c'est particulièrement sur la direction politique de ces relations qu'a porté le blâme de la dernière législature lors de la discussion mémorable de l'adresse.

Sans doute nous ne demandons pas qu'on revienne sur des faits accomplis, sur des actes consommés : Ancône a été évacué avant que les institutions promises aient été concédées aux Marches et à la Romagne; le traité des vingt-quatre articles a été signé par la France, sous l'influence des cinq puissances; il faut faire honneur à la signature de la France, quoi qu'il puisse en coûter, quelques sacrifices que lui imposent ces actes.

Mais il est instant que le ministère attendu
ne marche pas dans les mêmes voies de conces-
sions ; il est essentiel qu'il en revienne prompte-
ment à cette politique énergique et résolue à
laquelle nous avons dû, en 1831, la création du
royaume de Belgique, l'occupation d'Ancône,
le triomphe de la cause constitutionnelle à Madrid et à Lisbonne, et enfin le traité de la quadruple alliance.

L'Espagne, évidemment, a été abandonnée
à la merci des événements et aux intrigues abso-
lutistes. Qu'a-t-on objecté pour empêcher une
influence plus directe de la France? que nous ne
devions intervenir que dans un intérêt français?
Mais n'est-ce pas un intérêt essentiellement français que d'empêcher une restauration à Madrid,
que de proscrire le rétablissement du régime
absolutiste à nos portes? N'est-ce pas un intérêt
essentiellement français que de soutenir nos alliés, de faire respecter leur indépendance et de
remplir les traités conclus en leur faveur?

Sans nous prononcer plus explicitement sur
le genre de secours à donner à l'Espagne, nous
dirons que ce n'est pas seulement à l'entretien
d'une simple ligne de douanes que nous obligeait
le traité de quadruple alliance, et qu'à cet égard
le ministère du 15 avril s'est montré peu fidèle
à nos engagements.

Plus d'énergie aurait peut-être aussi évité le démembrement d'un royaume que nous avions créé par le seul acte de notre volonté à une autre époque, immédiatement après la révolution de juillet, alors que la France, objet de craintes et d'inquiétudes pour toutes les puissances du Nord, leur parlait cependant un langage digne et fier;

Alors qu'une note diplomatique de M. de Broglie et la correspondance de M. Thiers annonçaient clairement les vues de la politique française sur Ancône, et l'intention de ne céder ni au pape, ni aux puissances étrangères, avant d'en avoir obtenu nous-mêmes satisfaction.

Assurément la paix est désirable, personne plus que nous n'en désire le maintien : mais elle devient onéreuse, si, pour la conserver, il faut abandonner nos alliés ou sacrifier la dignité nationale.

L'alliance de la France doit être une sauvegarde pour tous les États qui ont le bonheur de l'obtenir, une garantie pour tous les peuples qu'une analogie de situation ou une sympathie de principes ont rapprochés de nous.

La Pologne a succombé, parce qu'elle était trop éloignée du cercle de notre influence, et que nous étions nous-mêmes à peine remis d'un ébranlement général. Mais, désormais, tout mi-

nistère qui laissera porter atteinte à l'un des
États libres nés à l'ombre de notre révolution,
ne pourra échapper au reproche de faiblesse ou
de trahison.

Plus d'énergie, plus de dignité dans nos relations extérieures, voilà les premiers changements
que nous réclamons de l'administration prochaine. Son avénement nous fait du moins espérer que les mêmes fautes ne seront plus com-
mises.

De graves questions sont sur le point de s'a-
giter. En Orient, de grands intérêts, de puissants États sont en présence : d'un côté, le Sul-
tan et son puissant vassal Méhémet-Aly ; de
l'autre, la Russie et l'Angleterre. Ces deux dernières puissances qui pèsent sur l'Europe, à
chacune de ses extrémités, s'épient avec défiance,
se soupçonnent d'en vouloir déranger l'équilibre.
Depuis longtemps leurs rivalités cherchent une
carrière où se combattre. C'est dans l'Orient que
leur influence s'est trouvée en présence ; c'est là
que semble s'ouvrir la lutte. Là, leurs agents
disputent d'intrigues, et leurs armées se rap-
prochent chaque jour.

Sans avoir de puissants intérêts mêlés à leur
querelle en Asie, la France, par sa position cen-
trale et intermédiaire en Europe, peut jeter un
grand poids dans la balance. Le débat d'équilibre

l'intéresse aussi au plus haut degré. Évidemment, si l'une de ces nations devait s'agrandir ou croître en influence, ce même principe qui fait l'objet de leurs démêlés, nous donnerait droit à des compensations.

La France se trouve donc, relativement à la question d'Orient, dans une position admirable pour profiter des chances de guerre entre les deux nations rivales, de quelque côté que se déclare la victoire.

La Belgique, quoique sacrifiée dans la question des territoires, a encore à débattre avec la Hollande des intérêts financiers. Les taxes exorbitantes imposées sur la navigation du Danube, doivent être réduites ; autrement la Hollande resterait maîtresse du commerce, au grand détriment des Anglais et de la Belgique, royaume de création nouvelle, auquel, en le fondant, on a entendu sans doute accorder des conditions d'existence.

C'est par un sentiment plus intime de la puissance et de la prépondérance de la France, que la nouvelle administration protégera, nous en sommes sûrs, tous ces intérêts, et obtiendra, dans les négociations, des résultats plus heureux et plus dignes.

Les noms qui circulent dans le public sont déjà une garantie d'un intelligence plus élevée de notre dignité au dehors. De tels noms sont faits pour rallier les partisans de l'honneur national, rassurer les esprits, et fortifier le gouvernement par l'appui de toutes les opinions conservatrices et libérales.

RÉSUMÉ.

Si le nouveau ministère se forme dans les conditions que nous avons indiquées, avec le personnel que l'opinion publique désigne, il fera entrer dans l'administration plus d'indépendance, plus de fermeté, plus de force Par là même, il couvrira mieux la royauté, car elle trouvera dans les hommes qui le composeront le talent qui convient pour la défendre à la tribune, et, dans leur caractère et leurs principes éprouvés, un rempart contre d'injustes attaques.

Le nouveau ministère sera parlementaire, car il sera formé sous l'influence d'une maxime politique proclamée par la chambre, et sanctionnée par le pays dans des élections récentes ; car il se sera formé tout d'une pièce, en dehors des débris de l'administration.

Il imprimera à notre politique extérieure plus de dignité, plus d'énergie ; il conservera nos alliances, et fera respecter les principes qui servent de base à notre révolution, par la protection qu'il accordera aux peuples qui nous ont imités.

Il conservera la paix, la paix qu'un gouvernement sage et éclairé fait constamment ses efforts pour maintenir ; mais il n'affichera point la crainte de la guerre, surtout quand l'honneur national semblera faire un devoir de parler haut, et d'appuyer les paroles d'une démonstration.

En donnant aux peuples une véritable idée de la sagesse et de la résolution de la France, il conviera à se rapprocher d'elle ceux qui ont conquis des institutions libérales, et qui, comme nous, veulent les conserver intactes.

Il ne manquera ni d'habileté ni de prévoyance pour la solution des intérêts qui se débattent en Orient.

Enfin, il favorisera les intérêts généraux et matériels de la France à l'intérieur, poursuivra les améliorations que nous avons indiquées, et réalisera les réformes administratives et industrielles commencées depuis quelque temps avec tant de succès.

www.ingramcontent.com/pod-product-compliance
Lightning Source LLC
Chambersburg PA
CBHW051747050726
47598CB00003B/1375